CARRERAS DE MOTOS

A Toda Velocidad

Superbike

JIM MEZZANOTTE

GARETH**STEVENS**

GS

PUBLISHING

A Member of the WRC Media Family of Companies

Please visit our web site at: www.garethstevens.com
For a free color catalog describing Gareth Stevens Publishing's
list of high-quality books and multimedia programs, call
1-800-542-2595 (USA) or 1-800-387-3178 (Canada).
Gareth Stevens Publishing's fax: (414) 332-3567.

Library of Congress Cataloging-in-Publication Data

Mezzanotte, Jim.
   [Superbike. Spanish]
   Superbike / by Jim Mezzanotte.
      p. cm. — (Carreras de motos: A toda velocidad)
   Includes bibliographical references and index.
   ISBN 0-8368-6442-5 (lib. bdg.)
   ISBN 0-8368-6580-4 (softcover)
      1. Motorcycle racing—Juvenile literature. 2. Superbikes—
Juvenile literature. I. Title.
   GV1060.M4918   2006
   796.7'5—dc22   2005033886

This edition first published in 2006 by
Gareth Stevens Publishing
A Member of the WRC Media Family of Companies
330 West Olive Street, Suite 100
Milwaukee, WI 53212 USA

This edition copyright © 2006 by Gareth Stevens, Inc.

Editor: Leifa Butrick
Cover design and layout: Dave Kowalski
Art direction: Tammy West
Picture research: Diane Laska-Swanke
Translators: Tatiana Acosta and Guillermo Gutiérrez

Technical Advisor: Kerry Graeber

Photo credits: Cover, pp. 5, 7, 17, 21 © Brian J. Nelson; pp. 9, 11, 13, 15, 19
© Mike Doran/D&W Images

Printed in the United States of America

1 2 3 4 5 6 7 8 9 10 09 08 07 06

CONTENIDO

Cubierta: Las *superbikes* alcanzan
grandes velocidades, ¡hasta en las curvas!

El mundo de las *superbikes*

Alguna vez has deseado participar en una carrera de motos? Quizás hayas visto a algunas personas pasar a gran velocidad por la calle en sus motos. Por supuesto, no están participando en una carrera. Hacer carreras en la calle es ilegal y peligroso. Sin embargo, ¡podrías correr en un circuito! En las carreras de velocidad, los corredores compiten en circuitos que son similares a una carretera normal, con rectas y curvas.

Las pruebas de *superbikes* son una modalidad de carreras de velocidad que comenzó a practicarse en los años 70. Las *superbikes* son unas motos muy rápidas. Son similares a las **motos de calle**.

Al principio, las carreras de *superbikes* sólo se celebraban en Estados Unidos. Hoy es un deporte popular en todo el mundo. ¡Son carreras de una velocidad apasionante!

Los circuitos de velocidad son similares a una carretera. Los corredores toman curvas cerradas a gran velocidad.

Carreras de superbikes

Destacados **profesionales** compiten en el campeonato de Estados Unidos. En cada carrera obtienen puntos, y el corredor que consigue más puntos al final de la temporada es el campeón. La organización *AMA Pro Racing*, que es parte de la Asociación de Motociclistas Americanos, o AMA, establece las reglas de las carreras. Los profesionales también corren en motos similares a las *superbikes*, como los motos de *supersport*. Además, hay un campeonato mundial de *superbikes*.

Para correr, los pilotos tienen que **clasificarse**. Deben ser capaces de recorrer el circuito a gran velocidad. Sólo los que consiguen los mejores tiempos participan en la carrera. Antes de la salida, los pilotos se sitúan en filas en la **parrilla**. Los corredores más rápidos se sitúan delante. El más rápido obtiene la primera posición, o *pole*.

La mayoría de las carreras en Estados Unidos son de 60 millas (100 kilómetros). Una carrera, la Daytona 200, es de 200 millas (322 km).

Comienza una carrera. Por lo general, los corredores que salen delante tienen más probabilidades de ganar.

Potencia y velocidad

Las *superbikes* son motos de calle que han sido **modificadas** para las carreras. No tienen faros ni otros elementos necesarios para circular por la vía pública, y pesan mucho menos que las motos de calle.

Los motores también han sido modificados. Son motores pequeños, pero que producen muchos **caballos de potencia**. ¡El motor de una *superbike* es más potente que el de algunos autos!

Estas motos tienen también carenados ligeros. El carenado cubre la parte delantera y los laterales de la moto, y reduce la resistencia al aire. Los carenados ayudan a que la moto vaya más deprisa. ¡Las *superbikes* pueden superar las 180 millas (290 km) por hora! Estas motos cuentan con grandes frenos para reducir la velocidad en pocos segundos.

Las motos de carreras de velocidad son ligeras, pero muy potentes. Los carenados contribuyen a que estas motos alcancen grandes velocidades.

Neumáticos de carreras

Los neumáticos son muy importantes en las carreras de *superbikes*. Los pilotos toman curvas muy cerradas a gran velocidad. Necesitan neumáticos con buena **tracción** en el asfalto.

Las *superbikes* usan unos neumáticos especiales llamados *slicks*, que no tienen dibujo en la **banda de rodadura** como los demás. Son neumáticos lisos. Los *slicks* tienen una gran cantidad de goma en contacto con el suelo. La goma es muy blanda, y se desgasta con rapidez. Un neumático normal puede durar varios años. ¡Los *slicks* sólo duran una carrera!

Los *slicks* sólo funcionan bien cuando están calientes. ¡Tienen que calentarse más que el agua hirviendo! Si están muy fríos, pueden deshacerse. Los equipos suelen calentar los neumáticos antes de una carrera.

Un corredor se inclina para tomar una curva. Los *slicks* de la moto se agarran al asfalto.

Un trabajo en equipo

En las carreras de velocidad, los pilotos reciben la ayuda de otras personas. La mayoría de los principales profesionales pertenecen al equipo de una marca. Hay equipos de Honda, Suzuki, Yamaha, Kawasaki y Ducati. ¡El éxito en las carreras puede ayudarlos a vender más motos!

Antes de una carrera, grandes camiones llegan al circuito. Son los camiones de los equipos. Los miembros de los equipos se aseguran de que todas las motos están listas para la carrera. Arreglan las motos averiadas. Hacen todo lo que pueden para que sus pilotos ganen.

Con frecuencia, las compañías aprovechan las carreras de *superbikes* para probar nuevas ideas. No paran de mejorar las motos, para que sean cada vez más rápidas en el circuito.

Los miembros de este equipo se esfuerzan para asegurarse de que su moto está en perfectas condiciones.

Superdestrezas

Para competir en carreras de *superbikes* hace falta mucha destreza. Los profesionales han corrido primero como **aficionados**, y han pasado mucho tiempo aprendiendo a competir. Para participar en carreras de profesionales tienen que obtener una licencia especial.

Para un piloto, la fuerza y el equilibrio son importantes. En las curvas, los corredores se inclinan muy cerca del suelo. Sus rodillas tocan el asfalto. Toman cada curva siguiendo la trayectoria más rápida. Los corredores profesionales dirigen las motos con total precisión hacia donde quieren.

Durante una carrera, todo ocurre con rapidez. Los pilotos no paran de hacer girar el **acelerador**, cambiar de marchas y usar los frenos. Compiten muy cerca unos de otros, a gran velocidad. Tratan de aprovechar cualquier posibilidad de adelantar, ¡pero un pequeño error puede provocar un desastre!

En las curvas, los corredores ponen todo su peso en un lado. ¡Parece que se van a caer!

Medidas de seguridad

En las carreras de velocidad, los pilotos pueden lastimarse. La seguridad es importante. Los pilotos llevan casco para proteger la cabeza y el rostro. Se ponen trajes, o monos, de cuero grueso, y **deslizadores** en las rodillas. Los deslizadores están hechos de plástico liso. Cuando los pilotos se tumban en las curvas, los deslizadores rozan el asfalto. Los pilotos también llevan guantes y botas, y tienen **protecciones** y zonas acolchadas en ciertas partes del cuerpo.

Los comisarios de carrera contribuyen a la seguridad. Si un piloto se cae, hacen ondear una bandera amarilla. Mientras haya bandera amarilla, los pilotos no pueden adelantar. Los comisarios pueden llegar a sacar una bandera roja para detener la carrera. Si ven que una de las motos pierde aceite, sacan una bandera negra y ese piloto debe salir de la pista.

Un comisario de la AMA hace ondear una bandera roja. Los corredores deben detener sus motos.

Estrellas de las *superbikes*

Mathew Mladin es un destacado profesional de *superbikes*. Ha sido campeón de *superbikes* de la AMA cinco veces. ¡Ningún otro corredor ha logrado tantos campeonatos! Mladin ha ganado muchas carreras importantes, incluyendo la Daytona 200. Es australiano, y comenzó a competir en *superbikes* en su país.

Otro conocido profesional es Miguel Duhamel. Es el primer canadiense que logró ser campeón de *superbikes* de la AMA. Ha ganado muchas carreras.

Ben y Eric Bostrom son hermanos, ¡y los dos corren en *superbikes*! Ben fue campeón de la AMA y ahora compite en el campeonato mundial de *superbikes*. Eric sigue intentando ganar el campeonato *superbike* de la AMA. Ambos comenzaron a montar en moto cuando eran niños.

Mathew Mladin toma una curva a gran velocidad. En su rodilla puedes ver el deslizador.

¡A competir!

La carrera va a empezar. Estás en la parrilla de salida, con los demás corredores. Esperas que se encienda la luz verde. Por fin, ves su destello. Las ruedas traseras patinan, y los motores rugen. ¡Ha comenzado la carrera!

En la primera curva, frenas con fuerza y tumbas la moto. Tomas otras curvas a toda velocidad, inclinándote a la derecha y a la izquierda. Otros corredores te rodean, a escasas pulgadas de tu moto. Ves un hueco y te lanzas a adelantar. En la recta, haces girar el acelerador y metes las marchas. Te agachas sobre la moto para ofrecer menos resistencia al aire.

En pocos segundos llegas a una nueva curva. Al salir de ella, vuelves a acelerar. Los líderes de la carrera van por delante. ¿Conseguirás alcanzarlos?

En las carreras de velocidad, es frecuente que los corredores marchen agrupados. ¡Adelantar puede ser muy difícil!

GLOSARIO

acelerador: parte de la motocicleta que controla la cantidad de combustible que llega al motor. Los corredores accionan el acelerador haciendo girar una empuñadura del manillar.

aficionados: en deportes, personas que compiten por placer y no para ganar dinero

banda de rodadura: la parte de los neumáticos que está en contacto con el asfalto

caballo de potencia: cantidad de potencia producida por un motor, basada en el trabajo que puede realizar un caballo

clasificarse: en las carreras, conseguir un puesto en la prueba principal

deslizadores: piezas de plástico liso que los corredores de *superbikes* llevan en las rodillas

modificado: cambiado

motos de calle: motos que la gente puede llevar en vías públicas

parrilla de salida: en las carreras, la formación de salida. En la parrilla hay muchas filas, cada una con varios corredores. El lugar que éstos ocupan en la parrilla depende de los tiempos que hayan conseguido.

pole: al inicio de una carrera, el punto desde el que parte el corredor que tiene el mejor tiempo

profesionales: en deportes, personas que por tener una especial habilidad compiten para ganar dinero

protecciones: piezas de material plástico que protegen el cuerpo de un corredor

tracción: el agarre que tiene algo sobre la superficie en la que se mueve

MÁS INFORMACIÓN

Libros

Motorcycles. Race Car Legends (series). Jeff Savage (Chelsea House)

Superbike Racing. Motorcycles (series). Ed Youngblood (Capstone Press)

Superbikes. Designed for Success (series). Ian Graham (Heinemann)

The World's Fastest Superbikes. Built for Speed (series). Terri Sievert (Capstone Press)

Videos

Fox Racing Presents Greatest Hits, Vol. 1 (Redline Entertainment)

World Superbike Review 2004 (Kultur)

Páginas Web

www.amasuperbike.com
Página oficial de las carreras de *superbikes* de la AMA. Contiene fotografías e información sobre las carreras.

www.benbostrom.com
Página con información sobre Ben Bostrom.

www.hondaredriders.com/roadracing/raceresults.asp?bhcp=1 #Series1
En esta página, parte de la página oficial del equipo Honda, puedes ver fotografías de Miguel Duhamel compitiendo en muchas pruebas.

www.motodemons.com/IsSuper.htm
Visita esta página para ver imágenes de una prueba de *superbikes* en el Circuito de Laguna Seca, en California.

ÍNDICE